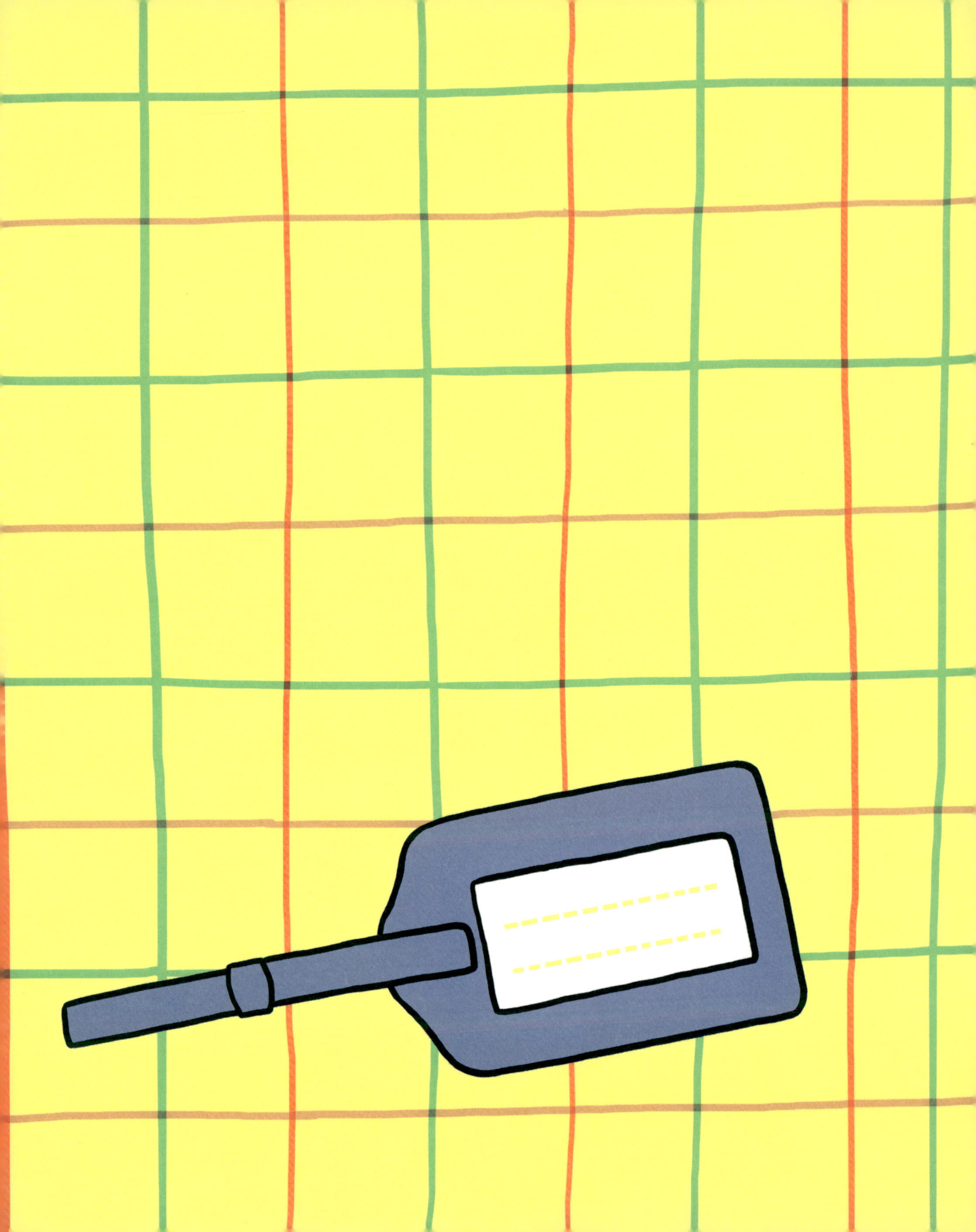

Roberta Schneider
Katja Spitzer

In sieben KOFFERN um die Welt

Insel Verlag

Sie ist klein, die Gepäckaufbewahrung vom alten Herrn Walis, aber sie ist die beliebteste Gepäckaufbewahrung der ganzen großen Hafenstadt. Das könnte daran liegen, dass sie immer geöffnet ist. *Vierundzwanzigsieben* nennen das einige. *Twenty-four seven* die anderen. Herr Walis nennt es *rund um die Uhr.* Das klingt für ihn ein bisschen wie *rund um die Welt*, und das ist es ja auch. Die Zeiger der Uhr drehen sich genau wie die Erde um ihre Achse. Und jeden Tag kommen Leute aus aller Welt zu Herrn Walis. Manche davon sind zu Freunden geworden. Sie kommen nicht mehr nur, um ihr Gepäck aufbewahren zu lassen, sondern auch zum Reden. Zum Teetrinken. Zum Sich-zu-Hause-Fühlen.

Walis
24h
Gepäck-
aufbewahrung

HOTEL
JAVA

Dieser Koffer gehört einem Mann mit einem sehr eigenartigen Beruf. Er reist um die Welt und probiert Süßigkeiten. Was er für erfolgversprechend hält, nimmt er mit, um es Süßwarenherstellern vorzustellen.

Der Bonbon-Agent, wie er sich selbst manchmal nennt, wohnt in einem kleinen Ort in der Nähe der Hafenstadt. Wenn er von einer Recherchetour zurückkommt, lässt er seinen Koffer ein paar Stunden bei Herrn Walis und besucht Freunde in der Stadt. Inzwischen ist Herr Walis selbst einer seiner besten Freunde.

Was für ein Sammelsurium von Farben und Schriften – Chinesisch, Kyrillisch, Arabisch … das sieht ja aufregend aus! Da gibt es altbekannte Produkte wie Bonbons, Lakritz und Schokolade. Und abenteuerliche Sachen wie Knisterzucker in knallbunten Verpackungen oder japanische Kaubonbons mit Brauseknubbeln und Lachsgeschmack. In seiner Freizeit isst der Bonbon-Agent lieber salzige Sachen. Darum probiert er auch immer die neuesten Cracker und Chips und packt die besten Sorten ein, um sie mit seinen Freundinnen und Freunden zu verspeisen!

بقلاوة
CHEESE
Schneeball
グミ
Конфет
ФАДЖ
月饼
JELLY

Dieser Koffer gehört Dani, der mit seiner Familie vor einem Krieg geflüchtet ist. Nach der Ankunft in der Stadt haben seine Eltern beschlossen, alles, was sie von zu Hause in die Fremde hatten mitnehmen können, erst einmal in einer Gepäckaufbewahrung abzugeben. Dani wollte seinen Koffer aber auf keinen Fall dort lassen. Nach einem Streit mit seinen Eltern hat Dani ihn schließlich geöffnet. Als sein Vater gesehen hat, was darin war, hat er geschrien: »Wir müssen flüchten, und du nimmst so einen Quatsch mit? Und dann auch noch die Katze?« Doch Danis Mutter hat gesagt: »Beruhige dich, mein Lieber. Das mit Mau ist ein Problem, aber Dani hat schlauer gepackt als du und ich zusammen. Was, wenn wir nie wieder zurückkönnen? Socken und Unterhosen gibt es überall auf der Welt. Unser Kind hat seine Geschichte eingepackt, die gibt es nirgendwo zu kaufen.« Und Herr Walis hat vorgeschlagen: »Die Katze kann bei mir wohnen, bis ihr ein richtiges Zuhause habt. Bis dahin kannst du sie so oft besuchen, wie du willst.«

Socken und Unterhosen, Fußballschuhe und Stifte kann man überall kaufen, darum hat Dani solche Dinge nicht mitgenommen. Aber das Kuscheltier, das ihn begleitet hat, solange er denken kann, und das so vertraut riecht wie sonst nichts auf der Welt, das gibt es nur ein einziges Mal. Genau wie die vergilbten Fotos, auf denen die Ururoma noch ein Kind ist. Und die Schachfiguren, die Opa geschnitzt hat. Davon haben allerdings nur noch ein König und ein Pferd in den Koffer gepasst, weil Platz für das Allerallerwichtigste bleiben musste: für Mau. Darum auch die Luftlöcher im Koffer.

Das hier ist der Koffer von Herrn Walis' Enkeltochter. Sie liebt das Meer über alles. Kapitänin Nema, so nennt Herr Walis sie, ist immer von der Sehnsucht nach neuen Ufern geplagt. Darum ist ihr Koffer stets für die nächste Reise ans Meer gepackt und liegt griffbereit beim Opa. Wenn sie groß ist, will sie Meeresbiologin werden, auf einem Forschungsschiff arbeiten und das Buch *20.000 Zeilen über das Meer* schreiben. Sich mit ihrem weitgereisten Opa auf ferne Inseln und in bunte Korallenriffe zu träumen, ist ihr liebster Zeitvertreib – wenn sie gerade nicht in ihrem Element, dem Wasser, ist.

Kapitänin Nema hat immer zwei Badeanzüge dabei und Handtücher, Flossen, Taucherbrille und Schnorchel. Eine Unterwasserkamera. Bestimmungskärtchen zum Mit-ins-Wasser-Nehmen, die sie von ihrer Cousine zum Geburtstag bekommen hat. Und einen Roman über die Tiefsee. Außerdem hat sie ein Notizbuch dabei, eine Lupe und kleine Döschen. Da bleibt kaum Platz für Klamotten, aber das ist nicht so schlimm, denn die sind ihr nicht so wichtig. Nur ihre liebsten Quallen-T-Shirts müssen immer dabei sein.

Dieser Koffer wurde von einer eleganten Dame mit Sonnenbrille abgegeben, die ihn am folgenden Tag abholen wollte. Noch bevor Herr Walis ihr die Abholnummer geben konnte, war die Frau aber schon wieder verschwunden – und ist nie wieder aufgetaucht, um ihren Koffer abzuholen. Nach drei Monaten wollte Herr Walis hineinschauen, um nach der Adresse der Frau zu suchen. Doch der Koffer war mehrfach mit Geheimschlössern verriegelt. Nachdem Herr Walis den Koffer gemeinsam mit einem Spezialisten geöffnet hatte, staunten die beiden nicht schlecht, denn es befand sich das merkwürdigste – oder vielleicht auch nur das zweitmerkwürdigste – Sammelsurium von Sachen darin. Alle, denen Herr Walis den Inhalt des Koffers gezeigt hat, sind sich sicher, dass der Koffer einer Geheimagentin gehört.

REPUBLICA DE CUBA
PASAPORTE
SINGAPORE
5
THE UNITED STATES OF AMERICA

Eine Röntgenbrille. Zwei Perücken. Mehrere Pässe. Ein Peilsender. Ein Fingerabdruckscanner. Ein Übersetzungsgerät zum Ins-Ohr-Stecken, das aussieht wie ein ausgespuckter Fruchtkaugummi. Eine goldene Armbanduhr mit ultrastarkem Magnet und einer Minikreissäge. Eine Lupe. Eine Flasche mit Parfüm, das einen unauffällig wirken lässt. Ein Ring, der Fotos macht, wenn man ihn am Finger dreht. Geldscheine aus allen Ländern der Erde. Eine Gabel. Eine Einkaufstasche, die man als Fallschirm benutzen kann.

Dieser Koffer ist ein echter Schatz. Zu einem runden Geburtstag hat Herr Walis von seiner Tochter und ihrem Mann, also Nemas Eltern, ein tolles Geschenk bekommen: Sie haben an einer Kofferversteigerung auf dem Flughafen teilgenommen, bei der man nicht abgeholte Koffer kaufen kann, ohne zu wissen, was drin ist. Man kann Pech haben und der ganze Koffer ist voll mit ungewaschener Wäsche, kitschigen Souvenirs oder ranziger Nussschokolade. Man kann aber auch Glück haben. Herr Walis hat gesagt: »Ich werde den am langweiligsten aussehenden Koffer ersteigern. Da ist bestimmt das Beste drin.« Und dann hat er einen recht großen und völlig unspektakulären Koffer ersteigert. Darin war tatsächlich etwas ganz Besonderes: ein weiterer Koffer, uralt und voll mit eigenartigen Dingen. Nema vermutet, dass er einer Naturforscherin gehört hat, die in Südamerika auf Expedition war.

Nema liebt den Koffer, der randvoll ist mit Zeichnungen, gepressten Pflanzen, getrockneten Insekten und anderen Tieren. Sogar ein kleines Krokodil ist dabei. Aber es sind auch persönliche Sachen der Forscherin darin: ihr Tagebuch, ihr Perlenschmuck, ihre Kleidung und Andenken an den fernen Kontinent, den sie besucht hat.

Dieser Tisch ist gar kein Tisch, es ist ein Koffer! Er begleitet Herrn Walis schon sein Leben lang – eigentlich sogar schon länger. Als es Herrn Walis noch gar nicht gab, haben seine Großeltern mit seinem Vater, der damals noch ein kleiner Junge war, ihre Heimat verlassen. Sie haben alles, was sie mitnehmen wollten, in einen riesigen Koffer gepackt, in einen Überseekoffer. So heißt das Gepäckstück, das man früher auf lange Schiffsreisen mitgenommen hat. In der neuen Heimat stand der Überseekoffer auf dem Dachboden. Der Vater von Herrn Walis hat als Kind gern in dem Koffer gestöbert. Er konnte sich sogar darin verstecken. Als er älter war, hat er den Koffer als Aufbewahrungsort für Erinnerungsstücke der Familie genutzt. Später hat sein Sohn – Herr Walis – genauso gern darin gestöbert oder sich darin versteckt. Die Erinnerungsstücke von Herrn Walis' Vater sind noch immer in dem Koffer, zusammen mit den Erinnerungsstücken, die Herr Walis dazugelegt hat.

Bis bald!
deine Nema
An
G. Walis
Altgasse 9
An:

Manchmal guckt Herr Walis in den Koffer und denkt an früher. Er schaut Fotos von seinen Eltern an. Den Schminkkoffer seiner Mutter, mit dem er als Kind so gern gespielt hat und in dem ein Fläschchen mit einem winzigen Rest Parfüm ist. Wenn Herr Walis daran riecht, dreht sich die Zeit in seinem Kopf um Jahrzehnte zurück. Auch die Liebesbriefe von seiner späteren Frau sind in dem Koffer. Und die Bilder, die seine Tochter – Nemas Mama – als Kind gemalt hat. Und die Postkarten, die Nema ihm von ihren Forschungsreisen schickt. Die bewahrt er in einer Dose auf, die er von seinem besten Freund bekommen hat.

Dieser Koffer stand eines schönen Sonntags vor Herrn Walis' Haus. Weil niemand gekommen ist, um ihn abzuholen, hat Herr Walis ihn irgendwann geöffnet. Und darin ein noch seltsameres Sammelsurium vorgefunden als in dem der mutmaßlichen Agentin.

Nema hält es für möglich, dass der Koffer einer Außerirdischen gehört, die aus Versehen auf der Erde gelandet ist und sich irgendwie durchgeschlagen hat. Dabei hat die Außerirdische festgestellt, dass auf dem Blauen Planeten etwas Superseltsames vor sich geht: Es gibt Lebewesen, die auf zwei Beinen laufen und fast so wenig Fell haben wie Pfeilgiftfrösche, Pottwale oder Nacktmulle. Sie stellen ganz viele Sachen her, die es auf der Erde – und im Rest des Universums – ursprünglich gar nicht gab: Klobrillen, Mikrochips, Wackeldackel und so weiter.

Als die Außerirdische endlich einen Rückflug ergattert hatte, wollte sie alles mitnehmen, was ihr auf der Erde besonders gut gefallen hat – und was in einen Koffer passt. Den durfte sie allerdings gar nicht an Bord bringen, und nun liegt er hier …

Nemas Theorie gefällt Herrn Walis ganz gut. Ein Freund von ihm glaubt allerdings, dass es sich um Reste eines Flohmarktstandes handelt, die der Verkäufer nicht wieder mit nach Hause nehmen wollte.

IBIZA

Eingelegte Riesenameisen in einem Schauglas. Alte Ansichtskarten. Ein billiger Ring mit einem dicken rosafarbenen Stein. Ein Jo-Jo. Magneten. Katzenförmige Radiergummis mit Wassermelonengeruch. Eine Taschenlampe. »Wer weiß«, sagt Nema manchmal zu Dani, wenn sie gemeinsam die Sachen in dem Koffer angucken, »vielleicht ist die Außerirdische ja auf der Erde geblieben und holt den Koffer irgendwann ab. Dann können wir sie kennenlernen.«

wir sind jeden Tag am Strand.
Bis bald, Antonia
MALLORCA

Roberta Schneider lebt in der Winterhärtezone 8a, sammelt Aronstabgewächse, Aromachemikalien und leuchtende Gegenstände, arbeitet als Lektorin, Autorin und Übersetzerin und kommt gern vom Hölzchen aufs Stöckchen. Wenn Zeit dafür bleibt, formt sie Keramik oder Gewebe zu Gefäßen und anderen schönen Dingen.

Katja Spitzer, 1979 geboren, hat Kunstgeschichte und Geschichte in Halle und Illustration an der Hochschule für Grafik und Buchkunst in Leipzig und der Hochschule Luzern studiert. Sie arbeitet für verschiedene Magazine wie *Brigitte*, *Mare* und *Geolino* sowie zahlreiche Verlage in Deutschland und Großbritannien. Ihre Arbeiten wurden international ausgestellt und mehrfach prämiert. Sie lebt in Berlin.

Erste Auflage 2025
Originalausgabe

Illustrationen, Umschlag und Gesamtgestaltung: Katja Spitzer, Berlin
Idee und Konzept: Roberta Schneider
Druck: optimal media GmbH, Röbel / Müritz
Printed in Germany
ISBN 978-3-458-64540-5

Insel Verlag Anton Kippenberg GmbH & Co. KG
Torstraße 44, 10119 Berlin
info@insel-verlag.de
www.insel-verlag.de